Ranma 1/2

© 1994, by Rumiko Takahashi / Shogakukan /
Viz Communications Inc.
First published by Shogakukan Inc. in Japan.
French edition is licensed through
Viz Communications Inc., San Francisco

Edition française :
Traduction : Wako Miyamoto / Olivier Prézeau
Adaptation graphique et lettrage : Digibox
© 2001, Editions Glénat
BP 177, 38008 Grenoble Cedex.
ISBN : 2.7234.3558.X
ISSN : 1253.1928
Dépot légal : juin 2001

Imprimé en France par Maury-Eurolivres
45300 Manchecourt

32
LA BELLE ET
LA BÊTE

CHOPF

QU'EST-CE
QUE C'EST
QUE CE
TRUC ?!

PcHiiiiiii

OH !

BZiiiF

SCRIF

CRETIN

PIK PIK

IL NE SE RÉVEILLE TOUJOURS PAS. ÇA A L'AIR GRAVE...

PAUVRE TARÔ LE COLLANT ...

NE M'APPELLE PAS COMME ÇA !

POING

AÏEEEE... BON SANG ! ÇA FAIT MAL !!

QU'EST-CE QUI S'EST PASSÉ ?...

C'EST QUOI CETTE BOULE DE LUMIÈRE CONTRE QUI TU TE BATTAIS ?

...

ÇA NE TE CONCERNE PAS. JE NE PEUX RIEN DIRE...

ZIING

KRR

IL EST TOMBÉ DANS LES POMMES À NOUVEAU.

TU VAS PARLER, ANDOUILLE ! QU'EST-CE QUI S'EST PASSÉ ?

14

LE CAUCHEMAR A COMMENCÉ CET APRÈS-MIDI.

HMM... IL N'Y A PAS MIEUX QU'UNE SOURCE THERMALE POUR SE BAIGNER, QUEL BONHEUR !

LA LA LA

TCHIIF

AH !? QUI EST-CE ?!

UN HOMME AUX YEUX DE SERPENT M'OBSERVAIT EN CACHETTE DERRIÈRE UN BUISSON... ET IL ÉTAIT ARMÉ !!

C'EST... C'EST VRAI ?...

SNIIF SNIIF SNIIF

KiiiiS

KYAAAA

...

HUM

UN HOMME AUX YEUX DE SERPENT... COMME C'EST BIZARRE...

15

TU RACONTES N'IMPORTE QUOI... ENCORE DES SALADES !

JE VAIS TE TUER !

CRAC CRAC

HIII !!

QU'EST-CE QUE TU FAIS ?!

PAS DE VIOLENCE ENVERS UNE FILLE, VOYONS !

LÂCHE-MOI ! JE SUIS UNE VICTIME !

HEIN ?!

HÉ !!

POUM

AH...

ATTEN-
DEZ...

FLAP

OH !... MADE-
MOI-
SELLE
ROUGE
!

ELLE
N'EST PAS
BLESSÉE...

... MAIS
SEULEMENT
ÉPUISÉE.

MAIS
...

ZZZ

... SI ELLE
EST BIEN À
L'ORIGINE DE
LA BOULE DE
LUMIÈRE
...

... C'EST DONC ELLE QUI AURAIT BATTU TARÔ LE COLLANT ?... EN TOUT CAS, CELA SEMBLE LOGIQUE...

MAIS... ELLE N'A PAS L'AIR TRÈS FORTE. JE NE VOIS PAS COMMENT ELLE AURAIT PU...

HÉ HO ! JE SUIS RENTRÉ !...

CRAAP

OUPS ! MAIS, QUE ...?!

PING

HEIN ? ON A UNE INVITÉE ? WAOOW...

FLOTC

TZING

OH !!

JE VAIS MASSA-CRER...

... L'HOMME SERPENT...

QUE...

... QU'EST-CE QUE C'EST ?! JE RÊVE ?!...

JE N'AI RIEN À TE RACONTER, RIEN DU TOUT !

... EN REVANCHE, JE PEUX PEUT-ÊTRE T'AIDER. QU'EN PENSES-TU ?

PFF ! TU ME FAIS RIRE !...

ÇA VA, ÇA VA ...

... JE SAIS QUE TU ES VENU ME VOIR POUR DEMANDER DE L'AIDE...

... POUR TE PROTÉGER CONTRE CE TERRIBLE MONSTRE !

SHiiiiZZ

!

TU N'AS VRAIMENT PAS D'AMIS, TOI...

KLONG

ÇA NE TE REGARDE PAS !

RENDS-MOI LA SOURCE DE MA FORCE...

... SI TU NE VEUX PAS MOURIR !!

JE NE ... DE QUOI TU
AIS PAS... PARLES !

HÉ... MAIS MOI, JE TE CROIS.

RENDS-LUI DONC ...

... CE QUE TU LUI AS PRIS !

MAIS TU NE ME CROIS PAS DU TOUT, ALORS !?

B... BON SANG ! ELLE NOUS ATTAQUE !...

HÉ, HÉ, HÉ, HÉ, HÉ !!

CRÈVE !...

KYAARF

ARGH !

FWiiiSH

HEIN ?!

QUEL DOMMAGE !...

ELLE S'EST TIRÉE...

KRRR KRR

MAIS POURQUO ?...

EN TOUT CAS, C'EST ELLE QUI A TOUT COMMENCÉ. IL FAUT S'ATTENDRE À CE QU'ELLE REVIENNE EN FORCE...

C'EST DONC ÇA LA SOURCE DE...

GWIIF

... TA FORCE ?!

HEIN ? AH !...

HI, HI, HI, HI, HI, HI !

SNAP

RENDEZ-LES-MOI TOUT DE SUITE !

PAS UT DE UITE...

... TU VAS D'ABORD PAYER POUR M'AVOIR TRAITÉ DE VOLEUR, EN M'HUMILIANT DEVANT TOUT LE MONDE, ET PUIS AUSSI POUR...

... M'AVOIR BATTU SANS PITIÉ !

BIEN... D'AC- CORD.

HE HE

ALORS J'ACCEPTE DE SORTIR AVEC VOUS UNE JOURNÉE ...

... JE ME SACRIFIE CONTRE MA VOLONTÉ !...

JE N'AI JAMAIS DEMANDÉ ÇA !

43

FSSHT

HI! HI! HI! HI! HI! HI! HI! HI! HI! HI! HI!

LAMME ASURA !

CHLAM

ZAAF

TARÔ LE COLLANT NE PEUT MÊME PAS S'APPROCHER D'ELLE. SON CHAMP DE FORCES EST INCROYABLEMENT PUISSANT !

MAIS... LA VICTOIRE N'EST PAS NON PLUS GARANTIE POUR ASURA...

CAR TARÔ LE COLLANT A LA SOURCE DE FORCE D'ASURA...

... DANS SA MAIN. IL POURRA TOUJOURS L'EMPÊCHER DE NUIRE...

POING POING POING

KSHAK

KILI

ARGH !!

HEIN
?!

GZWiii

ARGH
!...

LE MOUVEMENT
D'ASURA S'EST
FORTEMENT
RALENTI...

...

ÇA S'EST PASSÉ
EXACTEMENT
COMME ÇA L'AUTRE
JOUR AVANT
DE DONNER
LE COUP DE
GRÂCE...

WiiSH

QUEL
DOM-
MAGE
...

HMM... LA
SOURCE
DE FORCE
EST DONC
UN GADGET...

... QUI SE
UNIQUEME
MAINTEN
L'ÉNERGIE
ÇA CHAN
TOUT...

GLOUPS
...

KROPF

MONSIEUR
SERPENT...

VIIIOOOOUUU

OH ! LÀ-
BAS...

C'EST
TARÓ LE
COLLANT...

VOUS
M'AVEZ
SAUVÉE
ALORS QUE
VOUS ME
DÉTESTEZ...

TCHOP

... JE
CROIS
QU'IL VA
EN FAIRE
DE LA
BOUILLIE...

AH ?...
BAH,
NON
ALORS
!...

HE HE

D'ACCORD... JE
VOUS EXPLIQUERAI
LE MODE D'EMPLOI
DE "LA SOURCE
DE FORCE"... JE
VOUS DIRAI
TOUT...

GLOUP
!...

MAIS C'EST PEUT-ÊTRE UNE CHANCE POUR NOUS LES PRATIQUANTS D'ARTS MARTIAUX...

... DE POUVOIR EXAMINER LA VRAIE FORCE D'ASURA, LE PLUS FORT COMBATTANT.

M. TENDÔ...

SHIIIZ

SHIIIZ

SHIIIZ

SHIIIZ

COMBOS DE COMÈTES !

CHBAOF

ALORS OBSERVONS LA FORCE D'ASURA !! ET PRENEZ-EN DE LA GRAINE, VOUS AUTRES !...

ZIIING

KSIIIF

TCHAK
TCHAK

?!

TCHAK
TCHAK

QUOI
?!

INCROYABLE !!
IL A ARRÊTÉ
LES 6 COMBOS
DE COMÈTE À
MAINS NUES !!

61

... PENDANT CE TEMPS...

ATTRAPE ÇA ! UNE ATTAQUE À L'EAU CHAUDE !

VOOF

SWAP

OH !!

BIEN JOUÉ, LES GARS !!

GONG

ÇA Y EST !

ARGH ?!!

GLA GLA

TOUT CECI DÉPASSE MON SEUIL DE TOLÉRANCE !...

TSHOOOF

QUOI ?!...

ARCANE SUPRÊME D'ASURA !

CRÏÏSH

FLSSH

DANSE DU GRAND DRAGON EN FLAMMES !!

CE N'EST PAS LE MOMENT DE SE BATTRE ENTRE NOUS...

!

JE... JE SUIS...

... JUSTE AU-DESSUS DE LA TEMPÊTE !...

C'EST LE SEUL ANGLE MORT QUI PERMET D'ATTAQUER ASURA !! JE DOIS ABSOLUMENT EN PROFITER MAINTENANT !

ZWiiiP

TWiiiT

...Ô LE ...ANT...

... IL A TOUT MISÉ SUR MOI...

MAIS EN FAIT...

... IL A FRAPPÉ RANMA SIMPLEMENT PARCE QUE LA CHALEUR L'AGAÇAIT !

KRR

JE SUIS ÉMU !!

SLASH

HiiiiYAA

MAIS... QU'EST-CE QUI SE PASSE ?

KSHIN

KSHIN

BROOM

... JE NE PEUX PAS DONNER L'ARCANE SUPRÊME !!

TU NE PAIES RIEN POUR ATTEN- DRE...

CRÉTIN DE TARÔ LE COLLANT... JE VAIS TE FAIRE TA FÊTE !!

TISH

ARGH !...

RÔ EN RT N...

... S'IL CONTINUE COMME ÇA, IL VA BATTRE ASURA ET RANMA !

ASURA A RALENTI EN PLEIN MOUVEMENT !

IL VA ATTRAPER ASURA BIENTÔT !!

TCHOU

C'EST PARCE QUE TU ES SUR MON DOS !

PFF !

NE T'INQUIÈTE PAS, ASURA !

CRAC

AH... JE SENS... QUE MA FORCE REVIENT PEU À PEU...

DODOM DODOM

GZWiii

SHRiiic

ASURA A RETROUVÉ TOUTE SA FORCE !!

QU'EST-CE QU'IL LUI A FAIT, RANMA ?...

GRiiik

ARCANE SUPRÊME D'ASURA !!

79

GLOUPS !

MINCE ! ... A ÉVITÉ ... OUS LES ... COUPS !

C'EST VRAI QU'IL EST AGILE !...

GRR !

KZIIIIK

KZIIIIK

TÔT OU TARD J'AURAI SA PEAU !!

KSING

TSK TSK

LA CAUSE DE SA DÉFAITE EST VRAIMENT STUPIDE... IL A GARDÉ LA POÊLE POUR OBTENIR LA SOURCE DE FORCE, ET LA FOUDRE L'A GRILLÉ COMME UNE SAUCISSE...

GLANG

YAAAAH !

CLING

C'EST AINSI...

... QUE LE COMBAT S'EST TERMINÉ SANS GAGNANT.

SNIF SNIF

OH ! REGARDE, PAPA... ON DIRAIT DE LA SCULPTURE SUR BOIS ! COMME C'EST JOLI !

SNIF SNIF

QUELLE TRAGÉDIE...

LA SOURCE DE FORCE A ÉTÉ ÉCRASÉE PAR LA POÊLE...

84

NOUS ALLONS HETER...

... LA SOURCE DE FORCE SOUS UNE AUTRE FORME...

QUOI ?!

Hmm

C'EST BIEN VRAI ? PEUT-ON L'ACHETER ?...

FLAP FLAP

PHARMA[C]

LA PUISSANCE MAGNÉTIQUE !

SOULAGE TOUS LES MAUX D'ÉPAULES...

Magtron Z

CE SONT DES...

... PANSE- MENTS MAGNÉ- TIQUES ?...

AVEC 6 BRAS, J'AI TOUT LE TEMPS MAL AUX ÉPAULES... IL ME FAUT UN REMÈDE EFFICACE...

OUI... BIEN SÛR...

C'EST- À-DIRE QUE...

... VOILÀ COMMENT ASURA A PU RÉCUPÉRER SA FORCE TOUT À L'HEURE...

TECHNIQUE DU ROULEAU COMPRESSEUR !

BADA BADA BADA

OUI. JE AI JUS FAIT U MASSA DES ÉPAUL

ROUGE EST PARTIE.

HI HI

JE N'AURAI PLUS JAMAIS DE PROBLÈME. MERCI !

PEU APRÈS, CHEZ LES TENDÔ...

JE POURRAI CONQUÉRIR LE MONDE AVEC ÇA. VAS-Y, COLLE-M'EN ENCORE PLEIN !

HE HE HE

TU N'AS R COMPRIS ! . PAUVRE A PEUT-O GUÉRIR [LA BÊTIS ?...

Bouh...

ÇA N SUFFI PAS, MON A VA VI ACHET D'AUTR BOÎTE

89

HÉ, KODACHI !...

KOF KOF

AH ?... C'EST AKANÉ TENDÔ...

QU'EST-CE QUE TU FAIS LÀ, ESPÈCE DE CINGLÉE ?

DÉSOLÉE, MAIS J'ALLAIS LE DIRE...

ATCHA

POUM

... AVANT TOI !

KSI

OUPS ! J'AVAIS OUBLIÉ. VITE ! JE SUIS PRESQUE EN RETARD...

QUELQU'UN M'AVAIT DONNÉ RENDEZ-VOUS ICI. JE DOIS L'HONORER DE MA PRÉSENCE...

ZAAF

POM

ZiiiP

HOP !...

PSHHHHH

U... B...

C'EST JUSTE LÀ !...

SLAM

Pshhh

TATA TATAM TATA TATAM

KODACHI S'EST EMBRIN- GUÉE...

... DANS UNE DISPUTE AVEC UNE FILLE ?

JE N'AI PAS BIEN SAISI LA SITUA- TION, MAIS...

... ELLE S'EST TIRÉE À TOUTE VITESSE.

HUM

AH !

BJiiF

RANMA !...

SMUP

MAIS QU'EST-CE QUE C'EST QUE CETTE TENUE À PAILLETTES ?... C'EST UNE BLAGUE ?!...

MENS ! METS CE COSTUME TOUT DE SUITE ET SURTOUT NE DISCUTE PAS, C'EST COMPRIS ?

... TU DEVRAIS ÊTRE L'HOMME LE PLUS SEXY DU JAPON. ON DOIT TE REPÉRER JUSQU'À UN KILOMÈTRE DE DISTANCE...

HÉ !? UNE MINUTE !...

QUI EST TON AMI ?! NON MAIS JE RÊVE ?...

JE NE PEUX PAS DEVENIR PLUS SEXY QUE MAINTENANT. JE SUIS DÉJÀ AU TOP ! JE SUIS L'ÉLÉGANCE ET LA VIRILITÉ PERSONNIFIÉES, RIEN DE MOINS !

LE PROBLÈME N'EST PAS LÀ ! ET ARRÊTE TON CHAR, TU POUSSES UN PEU, LÀ !...

C'EST L'HEURE DE MON ENTRAÎNEMENT ...

... QU'ON NE ME DÉRANGE PAS !

MAIS... RANMA !

JE NE PARTICIPERAI PAS À UN TEL CONCOURS DE BEAUTÉ ...

MAIS AVANT TOUT... LAISSE-MOI TE DIRE...

... QUE TU ES EN DANGER !

SHLIIN

BLINK

OH ! MON PAUVRE RANMA !...

OUMPF

ARRÊTE, KODACHI.

CE N'EST PAS MOI...

... POUR UN[E] FOIS, JE N[E] SUIS POUR RIEN !

IL N'Y A QU'UNE SEULE PERSONNE DANS LE MONDE CAPABLE DE MONTER DES PIÈGES DE CE GENRE...

... ÇA, J'EN SUIS SÛRE, [Ç]A NE PEUT ÊTR[E] QUE TOI...

ASUKA SAGINOMIYA !!...

UN POR- TRAIT ?...

AH ?! LE TABLEAU A RI !...

HA HA HA HA A HA HA

HO, HO, HO, HO !! UN RIEN VOUS EFFRAIE !

SWIIP

JE SUIS VENUE EN RECONNAIS- SANCE ! JE M'AMUSE, HI HI HI !!

C'EST DE LA TRICHE !...

Hmm

TCHAF

PFF !

AU REVOIR !...

BONG

HE

HÉ ! MAIS ?!...

STA

TOI ET KODACHI...

... VOUS ÊTES LIBRES DE VOUS BATTRE ENTRE VOUS...

... MAIS N'EN-TRAÎNE PAS RANMA ...

FIOU...

C'EST TROP TRISTE...

QUOI ?

PENDANT 10 ANS... J'AI TOUT FAIT POUR TROUVER UN PETIT AM AFIN DE GAGNER LE PA CONTRE KODACHI...

RANMA, RÉVEILLE-TOI...

ろは

HMM... C'EST UNE BONNE OCCASION !...

TOI, TU DÉGAGES ! ALLEZ, HOP !!

KPAOOO

SKOUI

IL N'EST PAS AUSSI HORRIBLE QU'ELLE LE DIT...

JE TE DONNE MON AUTORI-SATION POUR UN JOUR.

PAR-DON ?

POUR JOUER LE RÔLE DU PETIT AMI DE KODACHI.

BON COURAGE, RANMA !

QU'EST-CE QUI S'EST PASSÉ PENDANT QUE J'ÉTAIS ENDORMI ?

VRAIME JE N VOIS POURQU TU ES MOTIVE

BROOM

104

MOI QUI SUIS SI BEAU, JE N'AI PAS À ÊTRE COMPARÉ AVEC UN AUTRE HOMME. MA BEAUTÉ TRANSCENDE LE TEMPS ET L'ESPACE DANS SON INFINITÉ !

TSS !

天道道場

NE TE PLAINS PAS...

TU ES LE SEUL À POUVOIR SAUVER LA FACE DE KODACHI. C'EST DÉJÀ PAS SI MAL COMME MISSION, NON ?...

HA HA HA HA HA HA HA

JE N'AURAIS PAS IMAGINÉ QUE KODACHI SE CONTENTERAIT D'UN HOMME AUSSI MOCHE QU'UN POU !

J'AI GAGNÉ D'AVANCE !! SA BEAUTÉ VA VOUS EXPLOSER AU VISAGE !!

PFF ! QUELLE IDIOTE...

... ELLE NE SAIT PAS QUE RANMA PEUT ÊTRE BEAU ! (ENFIN, QUAND IL LE VEUT VRAIMENT...)

105

106

HH !

C'EST PARTI ! YAHOOO !

KOF !
KOF !
KOF !
KOF !
KOF !

...

ZOUF

BOOM

HIII !

QUE CE SOIT BIEN CLAIR...

DOING DOING

JE SAIS BIEN, RANMA. ARRÊTE UN PEU DE TE FAIRE DU SOUCI...

TOI ET MOI SOMMES LES SEUX AMOUREUX DE LA JOURNÉE...

FFFF

SI TU AS ACCEPTÉ CE RÔLE, C'EST PAR PURE COMPASSION ENVERS MOI...

HEIN ?

TRÈS JUSTE. MAIS J'ESPÈRE QUE TU N'ES PAS TROP VEXÉE...

TAP TAP TAP TAP TAP

OH... QUE TU ES GENTIL. MON COEUR BAT LA CHAMADE, QUELLE ÉMOTION !

KARAOKÉ BOX♪

◄ENTRÉE

KLAM

SHLUUP

HEIN ?

JE... JE SUIS PARALYSÉ.

BAF

LA COMPASSION TRANSFORME EN AMOUR U JOUR. IL SUFF D'Y CROIRE. SENS TON CO QUI BAT

HÉ, HO !!

ON EST SUR LE CHEMIN DU LIEU DE RENDEZ-VOUS AVEC ASUKA !

CROF

OH, JE L'AVAIS OUBLIÉ...

DÉPÊCHEZ-VOUS, BON DIEU !

KPOW

DZZII

AH... LA CIBLE EST REPÉRÉE

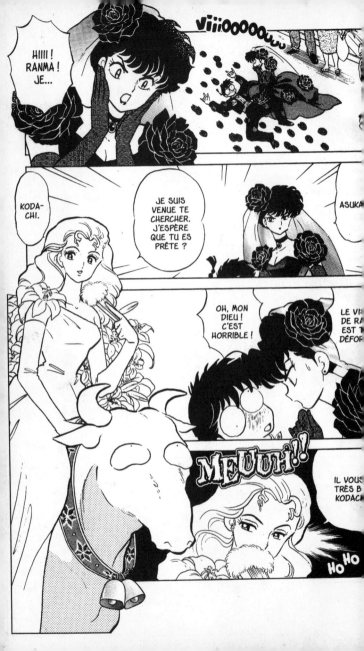

HMM...

VOYONS COMME IL EST BEAU...

LE MOMENT EST VENU !!

PFIOU !...

QUELLE EXPÉRIENCE DÉSAGRÉABLE...

AAARGH !! ON A PERDU !!

SNIF ...?

SPOF

J'AI GAGNÉ... J'AI GAGNÉ CONTRE KODACHI...

HÉ ?!

KAMÉO ! JE TE CHERCHE PARTOUT...

MA DOUCE MAIKO...

TAP TAP

Viiiooooww

MAIS... OÙ ÉTAIS-TU PASSÉ ? JE...

UNE FEMME ÉTRANGE M'A FAIT SENTIR DU CHLORO-FORME ET... JE NE ME SOUVIENS DE RIEN...

PFF !

JE DÉCLARE QUE TOUT CECI ÉQUIVAUT À UN MATCH NUL !

HA HA HA HA HA HA HA HA HA

PETITE MÈ RENDEZ-DANS 5 ON VERRA QUI RIR. DERNIÈ

NON... NE T'INQUIÈTE PAS. CE NE SONT PAS LES APPARENCES...

... QUI COMP-TENT.

MAIS JE NE SUIS PAS MOINS BEAU QUE LUI !

GRRR

EH BEN.. ON A VRAIMEN FAILLI PERDRE.

ERCI.
ST UN
.GAL
R NOS
EUX.

VOUS AVEZ UNE VOLONTÉ EXEMPLAIRE, D'ÊTRE VENUS JUSQU'ICI... C'EST ASSEZ RARE...

... VENIR DE SI LOIN POUR VOIR CE COSTUME. ALORS, TENEZ. VOUS POUVEZ LE RAMENER CHEZ VOUS.

HEIN ?!

EUH... C'EST UN TRÉSOR, N'EST-CE PAS ?

EH BIEN, C'EST GRATUIT. EN PLUS...

. JE VOUS NERAI CETTE FIQUE CHAISE RNANTE EN US CADEAU ! É HÉ HÉ !

SKRiii SKRiii

HOULÀ... ÇA COMMENCE À SENTIR MAUVAIS...

AVEZ-VOUS EU DES PROBLÈMES AVEC LE COSTUME ?

ARGH ! JE...

S...
S...
SÛR
E... ... NON !!

GNA-GNA-GNA-GNA...

GLA GLA

MAIS JE... JE N'ESSAIE PAS DU TOUT DE ME DÉBAR-RASSER DU COSTUME... JE...

DODOM DODOM DODOM

DE PLUS EN PLUS LOUCHE... JE CROIS QUE NOUS DEVRIONS...

AS-TU ACHETÉ CETTE CHAISE TOUR- NANTE ?

NON ! PAPA L'A RAMENÉE AVEC LUI. JE L'AIME BIEN, CETTE CHAISE...

c'est génial ! !

SKRIII

HUM... QU'EST-CE QU'ON FAIT DE CE COSTUME LOUCHE ?

PIOU PIOU

EH BIEN, SELON L[...] BONZE... C'EST U[...] PEU SPÉCI[...] VOYEZ- VOUS...

EN FAIT, CE COSTUME CHOISIT CELUI QUI DOIT LE PORTER...

... SEUL CELUI QUI A ÉTÉ CHOISI COMME MAÎTRE PAR LUI POURRA L'ENDOSSER...

DODOM

QUOI ?!

123

BRAM BROM

BON SANG... QU'EST-CE QUE...?

WAAF WAAF

Hiiiiiiiii HOOUU

QUELS SONT CES CRIS AFFREUX ? J'AI SOMMEIL, MOI...

BOUYOU

TAP TAP

MAIS QU'EST-CE QU'IL A, CE COSTUME ?...

HUM... EH BIEN...

HOO Hiiii

LE BONZE M'A DIT QU'IL PLEURE LA NUIT EN CHERCHANT SON MAÎTRE... UN PEU COMME UN FANTÔME OU UNE ÂME ERRANTE, TU VOIS. TANT QU'IL N'A PAS TROUVÉ...

M. TENDÔ !...

ATTENTION ! ENFUIS-TOI, AKANÉ !!

CE COSTUME EST TRÈS AGRESSIF ! JE T'EN PRIE, ÉLOIGNE-TOI DE LUI, SINON...

AAH...

KSYAAAA

FLITQ

NON !! A... AKANÉ !

127

128

J'AI BATTU RANMA !!

C'EST ÇA...

... MON POUVOIR POTENTIEL ?!

HUM... ELLE EST DIGNE D'UNE FILLE DU DÔJÔ TENDÔ !!

CE N'EST PAS JUSTE !! PAS MOI !... M[.] FAIRE HUMILIE[.] DEVANT TOUT[.] LA FAMILLE, Ç[.] CRAINT !

GGR...

130

CELA DOIT ÊTRE UNE ERREUR...

... POURQUOI LE COSTUME NE M'A PAS CHOISI ?!

POUTCH

OH... LE COSTUME A L'AIR DE BIEN T'AIMER... IL TE FAIT DES CÂLINS À PRÉSENT !

COMME C'EST MIGNON, ON DIRAIT UN GROS CHAT !

SKRIII SKRIII

GRRR

QUI A DÉCHIRÉ MES POSTERS DU CONCOURS DE FILLES EN MAILLOT DE BAIN ?!!

SNAP

MAIS OUI... CE COSTUME EST...

... PEUT- ÊTRE... JE DOIS EN AVOIR LE CŒUR NET !

BLOOU

HIII !

QU'EST-CE QUE ÇA VEUT DIRE ?!

AÏE

KRAS

BON SANG...

IL EST JAL... PARCE QU'I... PAS ÉTÉ C... COMME V... PRATIQU... DES AR... MARTIAU... C'EST N...

FLOP

AKANÉ ET TOI, LE COSTUME IDIOT, VOUS ALLEZ VOIR ! JE NE VOUS LAISSERAI PAS VOUS MOQUER DE MOI PLUS LONGTEMPS ! JE PRÉPARE MA CONTRE-ATTAQUE !!

IL CRIE QUELQUE CHOSE. MAIS D'ICI ON N'ENTEND RIEN...

OH, LAISSE... ÇA VA LUI PASSER. TU SAIS, SON CARACTÈRE N'EST PAS DES PLUS STABLES...

COIN COIN

mais il est devenu fou ?!

SKRII

JE DOIS ABSOLUMENT GAGNER CONTRE TOI ! JE M'EN SUIS FAIT UN NOUVEAU DÉFI !

PRÉPARE-TOI, AKANÉ !! TON HEURE A SONNÉ ! EN GARDE !

TATA TATAM

CHIP

RiiF

ET... TU AS PERDU, ALORS. ÇA A ÉTÉ VITE... HUM !...

DÉSOLÉE, JE NE T'AI PAS MÉNAGÉ CETTE FOIS. ON FAIT LA PAIX ?...

TU ES GROSSE.

TU PEUX DIRE TOUT CE QUE TU VEUX !

HO HO HO

GROSSE. GROSSE. GROSSE. GROSSE. GROSSE. GROSSE. GROSSE.

MAIS PAS AUTANT DE FOIS QUE TU VEUX ! STOP !

SPOUT

137

TSHUUF

HMM... LE COSTUME LÉGENDAIRE EST TRÈS FORT !!

PIK PIK

RANMA N'A RIEN PU FAIRE. IL FAUDRAIT TROUVER UNE TACTIQUE...

CE N'EST QU'UN HABIT, EN FIN DE COMPTE !

CH-BAOF

RAAH !...

SLAK

COMME UN GOSSE...

OÙ VA-T-IL AINSI ? IL ME REND NERVEUX...

HUM... IL EST ENCORE LÀ.

...

COIN COIN

IL DOIT BIEN Y AVOIR UN MOYEN DE BATTRE CE BOUT DE TORCHON !!

TU AS DEUX MOYENS POUR Y PARVENIR, MON PETIT.

AH, C'EST TOI, PAPA...

STOMP

VEUX-TU CONNAÎTRE LE SECRET DU COSTUME ?

M. TENDÔ...

ZAAF

SCRA

S

J'AI APPELÉ LE BONZE QUI CONSERVAIT LE COSTUME D'ENTRAÎNEMENT DEPUIS TANT D'ANNÉES...

AU TEMPLE...

LE BONZE

M'A DIT QUE CE COSTUME A UN CARACTÈRE JALOUX. EN FAIT, C'EST MÊME UNE JALOUSIE DES PLUS EXTRÊMES...

PARDON ?...

SI SON MAÎTRE TOMBE AMOUREUX DE QUELQU'UN...

... IL NE POURRA PLUS METTRE LE COSTUME...

HMM... ME PROPOSEZ-VOUS DE DRAGUER AKANÉ ?

TRÈS JUSTE, COCO !

"JE VEUX TE VOIR EN PRIVÉ."

SIGNÉ RANMA ?...

JE VEUX TE VOIR EN PRIVÉ. RANMA. XXX

SI SON "TRE TOMBE OUREUX DE "ELQU'UN...

... IL NE POURRA PLUS METTRE LE COSTUME...

HMM...

C'EST LE MOMENT D'UTILISER MA TECHNIQUE DE DRAGUE ULTIME. ON M'APPELAIT AUTREFOIS "BÉGUIN FATAL"..

uf uf

RAN-MA...

KLAN

POURQUOI M'AVOIR DONNÉ RENDEZ-VOUS ICI ? C'EST UN PEU GÊNANT...

Hmm

SCRAP

CHUT !...

147

J'AI ACHETÉ DES PETITS GÂTEAUX POUR TOI.

MUF MUF

ET...

QU'... CE... VE...

EUH, EH BIEN... EN FAIT... JE...

... VOILÀ, UNE FILLE PRÉOCCUPE MA TÊTE ACTUELLEMENT... J'Y PENSE TELLEMENT QUE J'AI DES MIGRAINES TERRIBLES...

Giiii

HUM... OUI...

MAIS CETTE FILLE NE PENSE QU'À DEVENIR PLUS FORTE...

EN PLUS, IL SE TROUVE QU'UNE RIVALE EST APPARUE, *ET...

ÉCOUTE AU MOINS JUSQU'À LA FIN...

JE VEUX PARLER DE TOI, AKANÉ.

PARDON ?...

skoui

EH BIEN, TU DOIS CHOISIR ENTRE LE COSTUME D'ENTRAÎNEMENT ET MOI.

Hmm

PFE.. ÇA... JE M'EN DOUTAIS, C'ÉTAIT PLUS GROS QU'UN ÉLÉPHANT DANS UN COULOIR...

PAF

TU ES JALOUX PARCE QUE JE SUIS DEVENUE PLUS FORTE QUE TOI. TON ATTITUDE EST CELLE D'UN GAMIN DE 4 ANS ET DEMI, PAS PLUS !

MAIS NON ! CE N'EST PAS ÇA ! ÉCOUTE-MOI UN PEU !...

À CAUSE DE LUI...

SNAP

COSTUME
T TOUT
TEMPS
C TOI...

... JE NE PEUX PAS ME RAPPROCHER DE TOI, ET...

... ÇA ME REND TRISTE...

...

PFFF

CE... C'EST VRAI ?... CE N'EST PAS UNE PHRASE EN L'AIR ?...

DODOM DODOM

SLIIZ

E... ELLE EST TROP MIGNONNE... JE MEURS !...

SHOUF

DOM DOM DOM DOM DOM

QU'ES QUE JE FAIRE

RANMA EST-IL EN ENTRAÎNEMENT ? ÇA FAIT DES HEURES QU'ON NE L'A PAS VU...

AUCUNE IDÉE...

AH, LES HOMMES... IL Y A TOUJOURS UN MYSTÈRE QUI PLANE AU-DESSUS D'EUX...

150

TU SAIS, RANMA... SI TU VEUX VRAIMENT...

... JE PEUX SCELLER CE COSTUME À TOUT JAMAIS...

HEIN ?

TU NE VEUX PAS QUE JE SOIS PLUS FORTE QUE TOI, N'EST-CE PAS ?

HMM... IL NE BOUGE PLUS. JE N'ENTENDS PLUS RIEN...

C'est sûrement une ruse...

J'AI VRAIMENT ÉTÉ...

... LE DERNIER DES IMBÉCILES AVEC ELLE...

... J'AI MAL AGI ET J'AI ESSAYÉ DE MENTIR À LA DOUCE AKANÉ.

JE NE SUIS PA[S] DIGNE D'ELLE[.] JE DOIS RENON[CER] À TOUS MES "PROJETS"...

BON... NOUS DEVONS LUI DONNER UN COUP DE POUCE. IL EST AU PLUS BAS, IL ME FAIT PRESQUE PITIÉ, EN FAIT...

Hmm...

ÉCOUTE, AKANÉ...

BUIIF

HIIII !! NOOON !...

CROF

SPO[

154

KROPF

GNIiii

KROPF

DODOM
DODOM

DODOM
DODOM

RANMA...

A....
AKANÉ...

C'EST MALIN ! POURQUOI LES AS-TU INTERROMPUS ?

SPOF

QUEL DOMMAGE... ENCORE UNE OCCASION RATÉE !...

DAMNED ! MES ENFANTS... NOUS AVONS SOUS-ESTIMÉ LE COSTUME LÉGENDAIRE.

CRAA

EXPLIQUE-NOUS TOUT, PAPA. ET EN CHANSON, S'IL TE PLAÎT !

HUM... HUM...

LAISSEZ-MOI M'ÉCLAIRCIR LA VOIX. EN FAIT, CE COSTUME EST TRÈS JALOUX. JALOUUUUUX !!

SI SON MAÎTRE TOMBE AMOUREUX DE QUELQU'UN... IN LOVE WITH SOMEBODYYYY !! LOVE, LOVE, LOOOVE !!

... IL NE POURRA PLUS METTRE LE COSTUME... NEVER ! NEVER ! NEVER NEVER NEVER !!

...

ZAF

PITIÉ ! ÇA VA, ÇA VA, N'EN FAIS PAS TROP !

K-SiiiF

... AH, JE VOIS... ÇA EXPLIQUE TOUT...

C'EST VRAI QUE C'ÉTAIT LE BUT AU DÉPART, MAIS...

ARRÊTEZ VOS BLA-BLA-BLA INUTILES ! L'ESSENTIEL EST QUE VOUS VOUS ENTENDIEZ BIEN. L'AMOUR EST TOUJOURS LE PLUS FORT !

SPOUT

SPOUT

Hmm

157

AKANÉ, TU ES TRÈS FORTE SANS LE COSTUME JE CROIS QUE TU N'EN AS PAS BESOIN...

BRAM BRAM BROM

BAKAM

...

JE NE VEUX... ... PLUS JAMAIS TE REVOIR ! JAMAIS !!

ZBAM

AKAKA... AKANÉ !

PLOK PLOK

NON !! AÏE !

PUN

159

TCHIIF

QU'EST-CE QUE TU FAIS ?!

BADA BADA

FROP

A... AKANÉ...

... JE SUIS DÉSOLÉ.

EUH... JE... JE...

NE T'EN FAIS PAS. ÇA VA...

EH BIEN NON... JE N'AI PAS ENCORE FINI.

EUH... COMMENT DIRE ?...

C'EST VRA... QU'AU DÉPAR... JE VOULAIS SIMPLEMENT V... SÉPARER, TO... LE COSTUME... MAIS...

Hmm

C'EST MOI QUI ÉTAIS ASSEZ BÊTE POUR TOMBER DANS TON PIÈGE.

SI TU AS FINI, LAISSE-MOI SEULE...

ALORS...
COMMENCÉ
PENSER
QUE...

... TU
ÉTAIS
TRÈS...

... MI...

MI...

MI...

MI... MI...

Mystique ?

MICROBE
?...

MYRTILLE
?...

MIEL
?...

MI...
MI...

...

POUF
POUF

... MIGNONNE !!
EN FAIT, JE TE
TROUVE TRÈS
MIGNONNE !

ÇA Y EST...
JE L'AI DIT...
VOILÀ...

...

DODOM
DODOM
DODOM

RANMA...

DODOM
DODOM

TU ES VRAIMENT IDIOT OU TU LE FAIS EXPRÈS ?

SNORF

JE NE TOMBERAI PAS DANS LE MÊME PIÈGE DEUX FOIS DE SUITE, FAIS-MOI CONFIANCE !

MAIS... C'EST VRAI !...

OUI, TU ESSAIES ENCORE DE NOUS SÉPARER, MON PETIT COSTUME ET MOI. ÇA NE PREND PAS, RANMA, PAS CETTE FOIS !

MAIS C'EST LA PREMIÈRE FOIS QUE JE LUI DIS LA VÉRITÉ...

POP POP

Wiiiiiiiz

CETTE FILLE EST HORRIBLEMENT CRUELLE !! ET JE TOMBE AMOUREUX D'ELLE TOUS LES QUINZE JOURS !!

164

JE VAIS Y ALLER SANS MÉNAGEMENT ! JE PRÉFÈRE TE PRÉVENIR QUE ÇA VA SAIGNER, P'TIT GARS...

PFE.. INUTILE DE DISCUTER...

ZRROOO ZRROOO

... UNE MINUTE DE PLUS !

OH... MON DIEU ! POURQUOI DOIVENT-ILS SE BATTRE ? ENCORE DES ADOLESCENTS SACRIFIÉS, QUELLE VIOLENCE !...

VOUS CONNAISSEZ LE PROVERBE : "QUI AIME BIEN CHÂTIE BIEN", COMME ON DIT. HÉ, HÉ !

C'ES VRA BA ON VOIR

171

... MAIS TOUT D'ABORD RÉPLIQUER !!

SANS COEUR, EXTRAVERTIE, RAVAGÉE DU CRÂNE, FILLE-BABOUIN, DÉCONFITURE !

KRR

QUOI ?!

À QUOI LA MET DAVANTA COLÈR ELLE VA FURA

GRIISU

VIENS JUSQUE-LÀ, VIEILLE CARNE !

TCHIF

OÙ ES-TU, RANMA ?! ESPÈCE DE...

TAP TAP

ZOOF

HEIM ?!

... PRENDS ÇA !!

TSSSïF

TSSSïF

STUNG STUNG

STUNG

STUNG

STUNG

ÇA IRA CETTE FOIS-CI. ELLE NE PEUT PLUS RIEN TENTER ...

KRASH

NE PAS DÉTRUIRE CET ARBRE, SVP !

F... MÊME
AL... ENFIN,
RESQUE.

TU ES TROP
BÊTE, BORNÉ,
ET TU NE
RETIENS PAS
LES LEÇONS...

Huf
Huf

ÉCOUTE
BIEN !

SI TU ME
FRAPPES, MÊME UNE
SEULE FOIS, JE NE
TE PARDONNERAI
JAMAIS !!

QUOI
?...

GGG...

COMPRENDS,
ROFITÉ DE
ENSIBILITÉ
S IL VEUT
CORE LA
RAPPER.

MÊME SI RANMA
GAGNE CE COMBAT,
UN CLIVAGE
SÉRIEUX NAÎTRA
ENTRE EUX.

NON, CE
N'EST PAS
JUSTE.
JE VEUX
SIMPLE-
MENT...

... FRAP-
PER LE
BOUTON
DE
DÉMAN-
TÈLE-
MENT...

FROP

!

178

181

RA... RANMA...

TU M'AS DONC PROTÉGÉE ?

Hmm

ES-TU ENCORE FÂCHÉE CONTRE MOI ?

KShiiiii

PEUT-ON RESTER COMME ÇA UN PETIT PEU ?

SI TU VEUX...

Huf Huf

ATTENTION PEINTURE FRAÎCHE

DE TOUTES FAÇONS, MES FESSES SONT COLLÉES, MAINTENANT...

BAM BAM BAM

VOILÀ, ÇA Y EST ! JE L'AI RÉPARÉ AVEC DU FIL TRÈS RÉSISTANT !

ÇA SUFFIT, MON PETIT COSTUME. SOIS GENTIL !

ALLÔ, MONSIE LE BONZ JE VOU RENDS COSTUM ...

FIN DE L'ÉPISODE.
RENDEZ-VOUS DANS LE PROCHAIN TOM

CHEZ LE MEME EDITEUR

COLLECTION MANGA

COLLECTION KAMÉHA

⭐ MERMAID FOREST (Rumiko/Takahashi)

⭐ PINEAPPLE ARMY (urasawa/kudo)

⭐ SANCTUARY (Ikegami/Fumimura)
▦ Tomes 1 et 2

⭐ ZED (Okada/Otomo)

⭐ STRIKER (Minagawa/Fujiwara)
▦ Tomes 1 et 2

⭐ CRYING FREEMAN (Ikegami/Koike)
▦ Tomes 1 et 2

⭐ VERSION (Hisashi Sakaguchi)

⭐ IKKYU (Hisashi Sakaguchi)
▦ Tomes 1 à 4

⭐ NEXT STOP (Atsushi Kamijo)
▦ Tomes 1 et 2

⭐ RAÏKA (Terashima/Fujiwara)
▦ Tomes 1 à 5

EGALEMENT CHEZ GLÉNAT

⭐ AKIRA-N&B (Katsuhiro Otomo)
▦ Tomes 1 à 6

⭐ Gunnm Grand format (Yukito Kishiro)
▦ Tomes 1 et 2

⭐ Nausicaä (Hayao Miyazaki)
▦ Tomes 1 et 2

⭐ Princesse Mononoké (Hayao Miyazaki)
▦ Tomes 1 à 4

⭐ STREET FIGHTER (Masaomi Kanzaki)
▦ Tomes 1 à 4